L'INTRODUCTION
A
L'ECONOMIE
ET
AUX AFFAIRES

THINGS YOU SHOULD KNOW
(QUESTIONS ET REPONSES)

Rumi Michael Leigh

Introduction

Je tiens à vous remercier et à vous féliciter pour avoir téléchargé ce livre, « L'introduction à l'économie et aux affaires, things you should know (questions et réponses ».

Ce livre vous donnera une introduction de comment l'économie et les affaires fonctionnent dans la société. Êtes-vous étudiant, un propriétaire d'entreprise, les deux, ou vous prévoyez faire quelque chose d'indépendant un jour ? Alors ce livre pourrait vous être utile.

Merci encore d'avoir téléchargé ce livre, j'espère que vous l'apprécierez !

Partie 1 : Questions

1. Qu'est-ce que l'économie ?
2. Qu'est-ce que la macroéconomie ?
3. Qu'est-ce qu'un marché primaire ?
4. Qu'est-ce qu'un marché secondaire ?
5. Qu'est-ce que le pouvoir d'achat ?
6. Définissez l'inflation.
7. Définissez la déflation.
8. Qu'est-ce qu'un besoin ?
9. Qu'est-ce qu'un désir ?
10. Qu'est-ce que le labeur ?

Partie 1 : Réponses

1. Ce sont les choix que les gens font pour satisfaire leurs besoins et leurs désirs.
2. C'est le domaine de l'économie qui traite du comportement, de la structure et des performances de l'économie mondiale.
3. Il s'agit d'un marché qui crée de nouveaux titres qui sont ensuite offerts au public.
4. Il s'agit d'un marché où les titres émis sur le marché primaire sont achetés et vendus.
5. C'est la capacité d'une personne à acheter des biens et des services dans une économie.
6. C'est l'augmentation du niveau des prix des biens et services dans une économie.
7. C'est la baisse du niveau des prix des biens et services dans une économie.
8. C'est une nécessité pour la survie.
9. C'est quelque chose que nous voulons mais pas une nécessité pour la survie.
10. C'est l'effort, le travail, dédié à une tâche.

Partie 2 : Questions

1. Qu'est-ce que l'importation ?
2. Qu'est-ce que l'exportation ?
3. Qu'est-ce qu'un indice des prix ?
4. Qu'est-ce que la fixation des prix ?
5. Qu'est-ce qu'un prix plafond ?
6. Qu'est-ce qu'un prix plancher ?
7. Qu'est-ce qu'un coût fixe ?
8. Qu'est-ce qu'un coût variable ?
9. Qu'est-ce qu'un coût total ?
10. Qu'est-ce qu'un inventaire ?

Partie 2 : Réponses

1. Les marchandises qui entrent dans un pays pour la vente.

2. Les marchandises qui sortent d'un pays pour la vente.

3. Elle montre comment le prix moyen des biens change avec le temps.

4. C'est quand un prix unique est fixé pour le même bien par un accord commun entre les entreprises.

5. C'est le prix le plus élevé que l'on peut légalement facturer pour un bien ou un service.

6. C'est le prix le plus bas que l'on puisse échanger pour un bien et un service.

7. C'est un coût qui ne change jamais malgré la quantité de biens produits.

8. C'est un coût qui varie en fonction de la quantité de biens produits.

9. C'est l'addition du coût fixe et du coût variable.

10. C'est une liste de produits à vendre.

Partie 3 : Questions

1. Qu'est-ce qu'un capital ?
2. Qu'est-ce que le capital humain ?
3. Qu'est-ce que l'utilité publique ?
4. Donnez un exemple de service d'utilité publique.
5. Qu'est-ce que l'offre ?
6. Quelle est la loi de l'offre ?
7. Qu'est-ce qu'un choc d'approvisionnement ?
8. Qu'est-ce que la dépression ?
9. Qu'est-ce que la récession ?
10. Qu'est-ce que la pénurie ?

Partie 3 : Réponses

1. Un capital est quelque chose de valeur qui fournit des revenus.
2. Le capital humain est la connaissance et la compétence acquises par l'éducation et l'expérience.
3. C'est un service fourni par l'état ou le gouvernement au public.
4. La fourniture d'électricité.
5. L'offre est la quantité de biens disponibles.
6. C'est à ce moment que l'offre augmente lorsque le prix du bien augmente.
7. C'est quelque chose qui provoque le changement soudain dans le prix d'un bien ou d'un service.
8. C'est une longue période de récession.
9. C'est la baisse de l'activité d'une économie sur une période de temps.
10. C'est quand il y a une quantité limitée de biens et de services.

Partie 4 : Questions

1. Définissez la valeur nette.
2. Qu'est-ce que les biens ?
3. Qu'est-ce que les services ?
4. Donnez un exemple d'une propriété réelle.
5. Donnez un exemple d'une propriété personnelle.
6. Qu'est-ce qu'une pénurie ?
7. Qu'est-ce qu'un surplus ?
8. Définissez l'hyperinflation.
9. Qu'est-ce qu'une pénurie ?
10. Qu'est-ce qu'une entreprise ?

Partie 4 : Réponses

1. C'est la différence entre la valeur des actifs d'un individu et des passifs.
2. Ce sont des choses produites.
3. Ce sont des activités réalisées.
4. Un terrain.
5. Un avion.
6. C'est lorsque la demande est supérieure à l'offre.
7. C'est lorsque l'offre est supérieure à la demande.
8. C'est quand l'inflation devient hors de contrôle.
9. C'est l'excès de la demande.
10. Il s'agit d'une organisation commerciale qui vend des biens et des services dans le but de faire des profits.

Partie 5 : Questions

1. Qu'est-ce que le socialisme ?
2. Qu'est-ce que le communisme ?
3. Qu'est-ce qu'un atout ?
4. Qu'est-ce qu'un excédent commercial ?
5. Qu'est-ce qu'un déficit commercial ?
6. Qu'est-ce que la balance commerciale ?
7. Qu'est-ce qu'une économie mixte ?
8. Qui est un entrepreneur ?
9. Qui est un propriétaire unique ?
10. Qu'est-ce que la délocalisation ?

Partie 5 : Réponses

1. C'est un système économique où la richesse est distribuée.

2. C'est un système économique où le gouvernement prend toutes les décisions concernant l'économie.

3. C'est une ressource économique.

4. C'est quand un pays exporte plus qu'il importe.

5. C'est quand un pays importe plus qu'il n'exporte.

6. C'est la différence entre l'importation et l'exportation dans un pays.

7. C'est un système qui combine le capitalisme et le socialisme.

8. C'est quelqu'un qui commence, met en place, crée et gère une entreprise.

9. Un individu qui dirige sa propre entreprise.

10. C'est quand une entreprise déplace une partie de son opération à l'étranger.

Partie 6 : Questions

1. Qu'est-ce qu'un embargo ?
2. Qu'est-ce que la privatisation ?
3. Qu'est-ce qu'un Fad ?
4. Qu'est-ce que le monopole ?
5. Qu'est-ce qu'un cartel ?
6. Définissez la théorie de la quantité.
7. Qu'est-ce que le coût d'opportunité ?
8. Qu'est-ce qu'un budget équilibré ?
9. Qu'est-ce qu'un budget de fonctionnement ?
10. Qu'est-ce que la souveraineté du consommateur?

Partie 6 : Réponses

1. C'est lorsqu'il y a une restriction complète à l'importation ou à l'exportation d'un produit particulier.
2. Il s'agit de la vente d'entreprises ou de services officiellement détenus et contrôlés par le gouvernement auprès des investisseurs.
3. C'est un court laps de temps où il y a une augmentation soudaine de la demande d'un produit.
4. C'est quand un vendeur domine un marché.
5. C'est quand il y a un accord et une coopération entre un groupe de producteurs pour leurs intérêts.
6. C'est quand trop d'argent en circulation dans l'économie provoque l'inflation.
7. C'est quand un bénéfice doit être sacrifié pour obtenir quelque chose d'autre.
8. C'est quand le revenu est égal à la dépense.
9. C'est le budget qui couvre les dépenses quotidiennes.
10. C'est le pouvoir qu'un consommateur prend pour décider de ce qui est produit dans la société.

Partie 7 : Questions

1. Qu'est-ce que l'analyse coûts-bénéfice ?
2. Qu'est-ce qu'une action ?
3. Qui sont les actionnaires ?
4. Qu'est-ce qu'un dividende ?
5. Qu'est-ce qu'une courbe de demande ?
6. Qu'est-ce que les obligations ?
7. Qu'est-ce que le coût marginal ?
8. Qu'est-ce qu'un bénéfice marginal ?
9. Qu'est-ce qu'une charte ?
10. Qu'est-ce qu'un conglomérat ?

Partie 7 : Réponses

1. C'est la décision prise quand on considère le sacrifice et les buts quand on prend certaines actions.
2. C'est une part de propriété d'une entreprise.
3. Ce sont des personnes qui possèdent une part ou des parts dans une action d'une société.
4. C'est l'argent versé par une entreprise sur ses bénéfices à ses actionnaires.
5. C'est un graphique qui représente la relation entre le prix et la demande à un moment donné.
6. C'est de l'argent prêté à une entité pour une période de temps.
7. C'est le coût de l'ajout d'un produit.
8. C'est le bénéfice supplémentaire d'ajouter un produit.
9. Il s'agit d'une approbation écrite du gouvernement pour qu'une société soit établie.
10. Ce sont deux ou plusieurs sociétés qui exercent des activités différentes dans un même groupe de sociétés.

Partie 8 : Questions

1. Qu'est-ce que le chômage structurel ?
2. Qu'est-ce que la vie illimitée ?
3. Quels sont les substituts ?
4. Quels sont les compléments ?
5. Quel est l'effet d'apprentissage ?
6. Qu'est-ce que la concurrence ?
7. Qu'est-ce qu'une coopérative ?
8. Qu'est-ce qu'une collusion ?
9. Qu'est-ce qu'un défaut ?

Partie 8 : Réponses

1. C'est lorsque les compétences d'une personne à la recherche d'un emploi ne correspondent pas aux exigences de l'emploi.
2. C'est la continuité d'une société, même lorsque la propriété change.
3. Ce sont des produits qui peuvent être utilisés à la place d'autres produits.
4. Ce sont des produits qui ont tendance à être utilisés ensemble.
5. Il indique que plus d'éducation produit des revenus plus élevés.
6. C'est une rivalité entre deux ou plusieurs entités pour réaliser quelque chose.
7. C'est un groupe de personnes travaillant ensemble pour un bénéfice.
8. C'est un accord secret entre les gens.
9. C'est quand un débiteur ne parvient pas à effectuer un paiement après la date limite.

Partie 9 : Questions

1. Qu'est-ce que l'argent fiduciaire ?
2. Qu'est-ce que le principal ?
3. Qu'est-ce que l'élasticité ?
4. Qu'est-ce que l'élasticité de la demande ?
5. Quelle est la loi de la demande ?
6. Qu'est-ce que le rationnement ?
7. Qu'est-ce que le prix d'éviction ?
8. Qu'est-ce qu'un incitatif ?
9. Qu'est-ce que la concentration verticale ?
10. Quelle est la dépense totale ?

Partie 9 : Réponses

1. C'est un type de monnaie rendue légale par le gouvernement.
2. Le principal est l'investissement initial.
3. L'élasticité est la relation entre la quantité et le prix.
4. C'est le point où le changement de prix entraîne une variation de la demande.
5. C'est quand plus d'un produit est acheté lorsque le prix est inférieur qu'élevé.
6. C'est le contrôle de la distribution des biens et services pour faire face à la pénurie.
7. C'est la vente d'un produit en dessous du coût de production pour une courte période de temps afin de chasser les concurrents.
8. C'est quelque chose qui nous motive à faire une tâche.
9. C'est la combinaison des entreprises qui occupent les différentes étapes du marketing ou de la fabrication.
10. C'est le montant total d'argent dépensé pour un produit.

Partie 10 : Questions

1. Qu'est-ce qu'un système de libre entreprise ?
2. Qu'est-ce que le troc ?
3. Qu'est-ce qu'une fusion ?
4. Qu'est-ce que l'équilibre du marché ?
5. Qu'est-ce qu'un oligopole ?
6. Qu'est-ce qu'une demande dérivée ?
7. Qu'est-ce que la responsabilité illimitée ?
8. Qu'est-ce qu'une subvention ?
9. Qu'est-ce qu'une concurrence monopolistique ?
10. Qu'est-ce qu'un concours hors prix ?

Partie 10 : Réponses

1. C'est un système où le marché est principalement réglementé par des moyens privés plutôt que par des moyens politiques.
2. C'est l'échange de biens ou de services.
3. C'est quand deux ou plusieurs entreprises sont combinées pour former une entreprise.
4. C'est quand il y a une demande et une offre égales dans un marché.
5. Il s'agit d'un marché dans lequel les producteurs n'ont aucun contrôle sur le marché.
6. Une demande dérivée est quand un changement dans les préférences des clients affecte le marché.
7. C'est quand le propriétaire d'une entreprise est entièrement responsable de toutes les dettes et pertes.
8. Il s'agit d'un avantage accordé à un individu, une entreprise, etc. principalement par le gouvernement.
9. Il s'agit d'une concurrence imparfaite dans laquelle les entreprises ont de nombreux

concurrents mais vendent un produit légèrement différent.

10. C'est lorsque les concurrents sur le marché font d'autres choses pour battre leurs concurrents au lieu de faire baisser le prix de leurs produits comme faire de meilleurs designs, publicité, etc.

Partie 11 : Questions

1. Qu'est-ce qu'une bourse ?
2. Qui est un courtier ?
3. Qu'est-ce que la taxe d'accise ?
4. Qu'est-ce qu'un marché ?
5. Qu'est-ce qu'une économie de marché libre ?
6. Qu'est-ce qu'un produit ?
7. Qu'est-ce qu'une part ?
8. Qu'est-ce qu'une concentration horizontale ?
9. Qu'est-ce qu'une société ?
10. Qu'est-ce qu'une organisation à but non lucratif ?

Partie 11 : Réponses

1. C'est là que les stocks sont achetés et vendus.
2. C'est une personne qui relie les acheteurs et les vendeurs de stock.
3. C'est la taxe sur un bien produit ou vendu.
4. Il s'agit d'un système où il y a échange de biens et de services entre acheteurs et vendeurs.
5. C'est lorsque les transactions commerciales entre les acheteurs et les vendeurs sont effectuées uniquement avec les accords mutuels des deux parties.
6. C'est un bien ou un matériau interchangeable.
7. C'est une partie du stock.
8. C'est la combinaison des entreprises qui produisent le même type de produit.
9. C'est une structure d'entreprise qui a une existence légale pour agir en tant qu'entité unique.
10. C'est un organisme exempté d'impôt sur les revenus qui procurent des avantages publics.

Partie 12 : Questions

1. Définissez le niveau de vie.
2. Quelle est la population active ?
3. Qu'est-ce qu'un syndicat ?
4. Qu'est-ce qu'un brevet ?
5. Qu'est-ce que le revenu net ?
6. Qu'est-ce qu'un ménage ?
7. Qu'est-ce qu'un partenariat général ?
8. Qu'est-ce qu'un partenariat limite ?
9. Qu'est-ce qu'une franchise ?
10. Qu'est-ce qu'une licence d'entreprise ?

Partie 12 : Réponses

1. Le niveau de vie est une mesure de la richesse et du confort des individus dans un pays.
2. Il s'agit de personnes avec ou sans emploi.
3. C'est une organisation qui vise à améliorer les conditions de travail de ses membres.
4. C'est la licence accordée au créateur d'un nouveau produit, droits exclusifs de vendre le produit pour une certaine période de temps.
5. C'est le bénéfice après soustraction de toutes les dépenses du revenu.
6. Un ménage implique une personne ou plus vivant sous le même toit.
7. C'est une sorte de partenariat dans lequel tous les partenaires ont des responsabilités égales dans la gestion de l'entreprise.
8. C'est le genre de partenariat où un ou plusieurs partenaires ont des responsabilités limitées dans la gestion de l'entreprise.
9. C'est l'autorité donnée à quelqu'un par une organisation qui permet à la personne de prendre part à certaines opérations dans l'organisation.

10. C'est le droit délivré par le gouvernement de gérer une entreprise.

Partie 13 : Questions

1. Qu'est-ce qu'une fourniture globale ?
2. Qu'est-ce qu'une demande globale ?
3. Qu'est-ce qu'une hypothèque ?
4. Qu'est-ce qu'une carte de débit ?

Partie 13 : Réponses

1. Il s'agit de l'offre totale de biens et de services produite par une économie sur une période donnée.
2. C'est le montant total des biens et services demandés dans une économie sur une période donnée.
3. Une hypothèque est un prêt utilisé pour acheter une maison.
4. C'est une carte utilisée pour retirer de l'argent d'un compte bancaire.

Conclusion

Merci encore une fois pour avoir téléchargé ce livre. J'espère que cela vous a donné plus de perspicacité en économie et aux affaires.

S'il vous plaît, si vous avez aimé ce livre, je voudrais que vous laissiez un commentaire. Ce serait apprécié.

Je vous remercie.